Ich möcht ein Schaf auf Amrum sein

Ich möcht ein Schaf auf Amrum sein

☆ ☆ ☆

Text: Christa Dabrunz
Fotos: Georg Quedens

Verlag Jens Quedens
Insel Amrum

2. Auflage 1986

Satz: Fotosatz Husum GmbH
Druck und Verarbeitung: Husum Druck- und Verlagsgesellschaft
ISBN 3-924422-03-6

Ich möcht ein Schaf auf Amrum sein . . .

. . . oder ein Haus mit Reet gedeckt;
über der Insel der Sonnenschein
und die Luft voll Möwenschrein
oder ein Boot, im Schilf versteckt.

Ich möcht ein Kind auf Amrum sein,
den blonden Haarschopf frei im Wind
und meinen Wünschen Flügel leihn,
zu schweben über Meer und Rain
und fröhlich sein, wie Kinder sind.

Ich möchte Sand auf Amrum sein,
das weite Feld gemahlner Macht,
das ewig ausgesetzt dem Frein
des Meers; und meiner Formen Schein
verrinnt in den Gezeiten sacht.

Ich möcht der Strand von Amrum sein,
Spielball von Wasser, Wind und Sand,
und kurze Zeit Gestalt verleihn
dem Spiel der Wandrer groß und klein,
den Spuren einer flüchtgen Hand.

Ich möcht das Meer um Amrum sein,
umgeben das geliebte Land,
das Leben in mir und Gestein.
Ich möcht bedecken und befrein
die leichte Spur im weiten Sand.

Über dir möcht ich Himmel sein,
Gewölbe auch für Mond und Stern;
ihr Licht liegt über Feld und Hain
und sorgt für das Gezeitensein:
uralte Sehnsucht – nah und fern.

Über dir möcht ich Wolken sein,
vom Sturm zerfetzt in Macht und Licht,
die sich verbinden und entzwein
und wieder aneinanderreihn:
ein wechselhaftes Angesicht.

Ich wünsch mir, Dünengras zu sein,
dann geben meine Wurzeln Halt
und Festigkeit dem Sand so fein,
der Rosen trägt und ihr Gedeihn.
So trotze ich des Sturms Gewalt.

Ich möcht ein Baum auf Amrum sein,
biegsam, mit Ästen weit verzweigt.
Ins Erdreich tauch ich tief hinein
die Wurzeln. Und es wird kein
Sturm mich brechen. Trifft er auf mich,
steh ich nur geneigt.

Ich möchte eine Wiese sein,
und Tummelplatz für Kuh und Pferd.
Es ist ein friedlicher Verein,
mit Schafen und den Lämmern klein,
der hier von meinen Gräsern zehrt.

Ich möchte Gast auf Amrum sein:
Die Sehnsucht schweigt für kurze Zeit.
Bin heimisch hier und doch allein,
ein Fremder und doch alles mein.
Und Meer und Himmel sind so weit.

Ich möcht ein Zelt auf Amrum sein,
Heimstatt und Schutz, in Dünen stehn
und nachts ein Licht aus Kerzenschein
dem, der gelernt hat, hier zu sein
und auch zum Himmel aufzusehn.

Ich möchte eine Strandburg sein
aus Brettern, die ans Land gespült,
dem, der entsagt einmal dem Schein –
für kurze Zeit ein klares „Nein",
der sich als Robinson nun fühlt.

Ich möchte Amrums Leuchtturm sein:
Wahrzeichen über Wasserwogen.
Es leuchtet meiner Rhythmen Schein
dem Schiff, das fragt und das allein
im Dunkel schwankt. Und meine Antwort
kommt in weitem Bogen.

Ich möcht ein Grab auf Amrum sein
des Fremden, der hier Ruhe fand,
und tief in mir in seinem Schrein,
zerfallen Leib schon und Gebein,
hofft er auf das gelobte Land.

der Welt, Bringt
ewig hält
Denkmaal, in dem schauerlichen
ruht der entseelte Körper
Mutter von

Ich möchte Amrums Kirche sein;
ein Hort der Ruhe steht bereit,
um mich die Ernte von Freund Hein,
in mir das Brot und auch der Wein:
des Herren Sein in Freud und Leid.

Ich möchte Amrums Mühle sein.
Die Flügel still: kein Korn, kein Mehl in mir.
Ich berge Kostbarkeit aus fernem Sein,
und Künstler zeigen ihre Arbeit: fein
Gefertigtes. Verbunden Damals
und das Heute-Hier.

Ich möchte auch die Sehnsucht sein,
in allen, die hier waren, leben,
die sich aus Muscheln, Sand und Stein,
aus Wellen, Wind und Sonnenschein
die neuen Ferienträume weben.

Hier möcht ich sein für alle Zeit,
in Dünen, irgendwo versteckt,
und warten auf die Ewigkeit:
Erkenne mich! Jch bin bereit,
zu neuem Leben jung erweckt.

Christa Dabrunz, Jahrgang 1933, hat vor ihrer Heirat als Sekretärin in einem Institut der Humboldt-Universität in Berlin gearbeitet. Sie ist gebürtige Berlinerin und lebt seit 1979 in München.
Als ihre drei Söhne erwachsen waren, begann sie, lyrische Gedichte in Reimen und Prosa zu schreiben, zu malen, und Papier- und Materialcollagen zu arbeiten, vorwiegend unter Verwendung von Funden am Meer.
Nach dem tragischen Unfall eines Sohnes, der zum Pflegefall wurde, haben ihre Gedichte zum Teil einen nachdenklichen Akzent erhalten. Immer wieder taucht die Suche nach dem Sinn des Leidens auf.

Georg Quedens, Jahrgang 1934, wurde in Norddorf auf Amrum geboren, wo er noch heute wohnt. Nach einer Lehre als Fotograf machte er sich Mitte der 1960er Jahre als Naturfotograf und Schriftsteller selbständig. Das Schwergewicht seiner Arbeit bildet seitdem die Fotografie freilebender Tiere, insbesondere in der Amrumer Vogelwelt, sowie die Erforschung der Inselgeschichte in allen noch unbekannten Bereichen mit Schwerpunkt Seefahrt und Walfang.
Aus dem umfangreichen Fotoarchiv wurden zahlreiche Bücher im In- und Ausland illustriert sowie Lichtbildvorträge zusammengestellt. Über Natur und Geschichte aus dem nordfriesischen Raum hat Georg Quedens 30 Bücher geschrieben.

Weitere Titel aus dem Verlag Jens Quedens, Amrum

Zur Geschichte Amrums und der Nordfriesischen Inseln:

Georg Quedens, Die alten Grabsteine auf dem Amrumer Friedhof
Pappband, 192 Seiten, 100 Abbildungen, Format 15 × 21 cm
ISBN 3-924422-00-1 DM 24,80

Georg Quedens, Tagebücher aus dem alten Amrum
Pappband, 144 Seiten, 84 Abbildungen, Format 15 × 21 cm
ISBN 3-924422-04-4 DM 24,80

Georg Quedens, Die Amrumer Feuerwehr
Pappband, 160 Seiten, 92 Abbildungen, Format 15 × 21 cm
ISBN 3-924422-12-5 DM 24,80

Volkert Faltings, Joachim Hinrichsen – Ein Föhrer blickt zurück
Pappband, 200 Seiten, 140 Abbildungen, Format 17 × 24 cm
ISBN 3-924422-17-6 DM 29,80

Amrum 1988, Jahres-Chronik einer Insel
Amrum 1987, Jahres-Chronik einer Insel
Amrum 1986, Jahres-Chronik einer Insel
Amrum 1985, Jahres-Chronik einer Insel
Amrum 1984, Jahres-Chronik einer Insel
Amrum 1983, Jahres-Chronik einer Insel
Die Reihe wird fortgesetzt, alle Bände sind Pappbände,
ca. 160 Seiten, viele Abbildungen, Format 16 × 22 cm
jeder Band kostet DM 28,80

August Clausen, Streiflichter durch die Geschichte und Chronik nordfriesischer Seefahrer
kartoniert, 128 Seiten, Format 15 × 21 cm
ISBN 3-88007-521-2 DM 5,00

Zur friesischen Sprache:

Ommo Wilts, Wurdenbuk för Feer an Oomram
Pappband, 360 Seiten, Format 15 × 21 cm
ISBN 3-924422-11-7 DM 29,80

Ommo Wilts, Sjiisk öömrang wurdenbuk
Grundwortschatz Deutsch–Friesisch,
96 Seiten, Abb., Format 18 × 25 cm, kartoniert
ISBN 3-88007-092-X DM 12,80

Nils Århammar, Die Amringer Sprache / Die Amringer Literatur
Sonderdruck aus Amrum, Geschichte + Gestalt einer Insel, Verlag Hansen & Hansen
36 Seiten, Format 21 × 25 cm, geheftet, DM 15,80

Reinhard Arfsten, Mamenspriik
Leesbuk för Feer an Oomram (friesisch)
224 Seiten, 23 Abb., Format 15 × 21 cm, Halbleinen, DM 16,80

Volkert F. Faltings, In memoriam Lorenz Conrad Peters
162 Seiten, 28 Abb., 30 Notentexte, Format 15 × 21 cm, Pappband
ISBN 3-924422-10-9 DM 24,80

Theodor Storm, Der kleine Häwelmann
32 Seiten, 10 Aquarelle von J. Seitz
5 verschiedene Ausgaben deutsch-friesisch, Format 17 × 24 cm, broschiert
ISBN 3-924422-05-2 DM 14,80

Wilhelm Busch, Maks an Moorits
Übersetzt ins Amrumer Friesisch von Jens Quedens
64 Seiten, 97 farb. Abb., Format 16 × 19 cm, kartoniert
ISBN 3-88007-090-3 DM 9,80

Geschenkbände:

Jochen Seitz, Amrumer Skizzenbuch
64 Seiten, 24 Abb., Format 16 × 24 cm, Ganzleinen
ISBN 3-88007-533-0 DM 17,80

Christa Dabrunz / Georg Quedens, Ich möcht ein Schaf auf Amrum sein
48 Seiten, 21 Farbbilder, Format 20 × 20 cm, Pappband
ISBN 3-924422-03-6 DM 18,80

Jens Quedens, Amrum, Porträt einer Insel
32 Seiten, 62 Farbbilder, Format 15 × 21 cm, geheftet
ISBN 3-924422-01-X DM 7,80

Jens Quedens, AMRUM
Monatskalender mit 13 Farbbildern, Format 30 × 40 cm, quer
erscheint seit 1976 jährlich zu Ostern
ISBN 3-924422-02-8 DM 19,80